Dir lb. Katharina
gutes Gelingen beim Kochen

Bad Schwalbach / Weihnachten 2006
Dagmar u. Kurt

MundArt

Die Kunst, einfach zu kochen

Wolfgang Link

MundArt

Die Kunst, einfach zu kochen

EDITION XXL

Vorwort

Kochen – einfach köstlich!

So lautet das Motto meines Kochbuches.
Dieses Buch soll vermitteln, dass es nicht immer eine große Kunst sein muss, Kunstvolles in der Küche zu kreieren.

Heutzutage will man mit einfachen Zutaten und ohne viel Aufwand und Zeit köstliche Gerichte zubereiten. Dieses Kochbuch zeigt Ihnen, wie das geht.

Es gibt eine Vielzahl von Kochbüchern, die sehr komplizierte Rezepte enthalten, für die man so exotische Zutaten benötigt, die kein normaler Haushalt vorrätig hat.
Oft bekommt man die Zutaten nicht einmal in einem durchschnittlich sortierten Lebensmittelgeschäft. Das wird Ihnen bei der Umsetzung meiner Gerichte nicht passieren!
Die Rezepte sind auch für Kochneulinge leicht nachzuvollziehen und die Zutaten zum großen Teil sowieso in jedem Haushalt vorhanden oder aber leicht zu beschaffen.

Nach einiger Zeit werden Sie meinen Rezepten nach und nach durch Abwandlungen Ihre eigene Note verpassen.
Dann haben Sie die „Kunst des Kochens“ verinnerlicht, sind kreativ und experimentierfreudig.
Und nun ran an den Herd, verwöhnen Sie sich, Ihre Familie oder Ihre Freunde mit einem selbst gekochten Menü.
Sie werden sehen, wie einfach es ist!

Ich wünsche Ihnen viel Spaß beim Nachkochen und Genießen!

Ihr Wolfgang Link

Um gute Ergebnisse zu erzielen, beachten Sie beim Zubereiten der Rezepte bitte Folgendes:

1. Die Mengenangaben gelten für ***4 Personen.***

2. Es sind immer ***leicht*** gehäufte TL und EL gemeint.

3. Die Rezepte sind für Eier der Größe M oder L ausgelegt.
Bei kleineren oder größeren Eiern bitte entsprechend mehr oder weniger verwenden.

4. Die genauen Garzeiten der Gerichte sind auch von Ihrem Herd abhängig.
Geringe Abweichungen sind also möglich, ***deshalb lieber schon mal 10 Minuten vorher schauen***, ob das Gericht nicht schon fertig ist.

5. Wenn Sie Gerichte im Ofen garen, stellen Sie das Bratgeschirr auf einen Rost, der in der ***mittleren Schiene*** eingehängt ist.

Falls es im Rezept nicht ausdrücklich steht, muss der Backofen nicht vorgeheizt werden!

Inhaltsverzeichnis

Der kleine Küchenhelfer

10 nützliche Tipps
zu den nachfolgenden Rezepten:

1. Zum ***Flachklopfen von Fleisch und Fisch*** sollte man möglichst nicht den üblichen kleinen Hammer mit den Spitzen verwenden, da so die Fleischfasern zu sehr geschädigt werden.
Anstelle des Hammers sollte man, falls im Haushalt vorhanden, ein ***Fleischplattiereisen*** verwenden. Da dieses aber in den wenigsten Haushalten vorhanden ist, kann man stattdessen auch einen kleinen Topf mit Stiel (***Stielkasserolle***) nehmen.
Am wenigsten geschädigt wird das Fleisch, wenn es zudem zwischen zwei Plastikfolien (z. B. das Fleisch in einen ausreichend großen Gefrierbeutel legen) geplättet wird.

2. Die Anschaffung eines ***Kugelausstechers*** ist durchaus sinnvoll, da er nicht nur zum ***Ausstechen von Dekorationen*** (z. B. Melonenkugeln) verwendet werden kann.
Er ist ebenso sehr gut ***zum Entkernen von Äpfeln und Birnen*** sowie ***zum Aushöhlen von diversen Gemüsesorten*** wie z. B. Gurke, Aubergine und Tomate geeignet, falls diese gefüllt werden sollen.

3. Mit einem ***Eierschneider*** kann man nicht nur hart gekochte Eier in ***gleichmäßige Scheiben schneiden***, sondern ebenso gut gekochte Kartoffeln (z. B. für Bratkartoffeln).
Besonders vorteilhaft ist er, um Rote Beete in Scheiben zu schneiden, weil man sich so die Hände nicht verfärbt.
Es können aber auch andere, nicht zu harte (gekochte) Gemüsesorten im Eierschneider in schöne gleichmäßige Scheiben geteilt werden.

4. Beim Braten werden die ***beschichteten Pfannen*** immer beliebter, da man in ihnen das Gargut mit ***nahezu keinem Fett*** braten kann, ohne dass es anbrennt.
Sollte man sich für den Kauf einer solchen Pfanne entscheiden, ist darauf zu achten, dass die Pfanne eine ***sehr hohe Wärmeleitfähigkeit*** besitzt, damit das Gargut auch wirklich brät und nicht gekocht wird.
In beschichteten Pfannen darf man auf keinen Fall mit einem Messer schneiden, da sonst die Beschichtung verletzt wird. Man verwendet einen Bratwender aus Holz oder Kunststoff!

5. Mit einem ***Sparschäler*** (bevorzugt mit flexibler Klinge) können nicht nur Obst und Gemüse geschält werden, man kann damit ***auch hauchdünne Scheiben*** z. B. von Kartoffeln (für selbst gemachte Kartoffelchips u. dgl.), Karotten, Kohlrabi usw. herstellen.
Braucht man anstelle von hauchdünnen Scheiben feine Streifen oder Würfel, werden die dünnen Scheiben mit einem Messer in dünne Streifen und evtl. anschließend noch in feine Würfel geschnitten.

6. ***Ein Schneidbrett aus stabilem Kunststoff ist aus hygienischen Gründen einem Schneidbrett aus Holz vorzuziehen.***
Es kann problemlos in der Geschirrspülmaschine gereinigt werden und ist anschließend hygienisch einwandfrei in Ordnung.
Besonders vorteilhaft ist ein Schneidbrett mit umlaufender Rille, da sich hier der Saft der geschnittenen Lebensmittel sammelt, anstatt vom Schneidbrett zu laufen und sich auf der Arbeitsplatte zu verteilen.
Vor allem bei Fleisch, Geflügel und Fisch ist es wegen der Salmonellengefahr wichtig, dass der Fleischsaft nicht mit anderen Lebensmitteln in Berührung kommt.

7. Mit einem ***Sägemesser*** kann man meiner Meinung nach nicht nur Brot, sondern auch sämtliches Gemüse oder Obst leichter schneiden.
Bei Fleisch im rohen Zustand ist ein ***scharfes Filetiermesser*** das richtige Werkzeug.
Die Größe des Messers ist Geschmackssache, probieren Sie einfach aus, welche Größe Ihnen am besten liegt.
Während das Sägemesser nicht so schnell stumpf wird, muss ein Filetiermesser immer wieder geschliffen werden, damit es schön scharf ist.
Das Messerschärfen sollte von einem Fachmann durchgeführt werden.

8. Um sämige Soßen exakt auf dem Teller zu platzieren, nimmt man am besten eine ***größere Plastikspritze*** (natürlich ohne Nadel!).
So können Sie auch sehr schöne Muster in die Soße zeichnen, indem Sie z. B. bei Desserts mit zweierlei Fruchtmarksoßen arbeiten.
Erst eine Soße auf dem Teller verteilen und anschließend exakte Tupfen oder Streifen von der anderen Soße platzieren.
Schöne Effekte kann man auch erzielen, wenn man die Tupfen oder Streifen anschließend mit einem ***Holzstäbchen*** verwischt.
Experimentieren Sie ein bisschen herum – der Fantasie sind keine Grenzen gesetzt.

9. Mithilfe von größeren ***Plätzchenausstechern*** kann man beim Anrichten von Reis oder festerem Kartoffelpüree ***schöne Effekte*** erzielen.
Man fettet das Förmchen dünn aus und platziert es auf dem Teller. Anschließend Reis oder Püree einfüllen und gut festdrücken.
Ebenfalls sehr schön ist es, wenn Sie aus Kartoffelgratin mit den Ausstechförmchen Kreise, Monde oder Herzchen ausstechen und auf den Tellern anrichten.

10. Wunderschön ***gleichmäßige Krautwickel*** erhält man, wenn man sie in einer ***Schöpfkelle*** formt.
Dazu die Schöpfkelle mit vorher blanchierten Kohlblättern so auslegen, dass die Blätter über den Rand der Schöpfkelle hinausreichen (damit man sie später umklappen kann).
Anschließend die Füllmasse einfüllen, die überhängenden Kohlblätter einschlagen und so den Krautwickel schließen.
Das Ganze ***mit Zahnstochern fixieren*** und aus der Kelle heraus in die Pfanne gleiten lassen (mit der Nahtseite nach unten zuerst anbraten, damit nichts herausfällt).

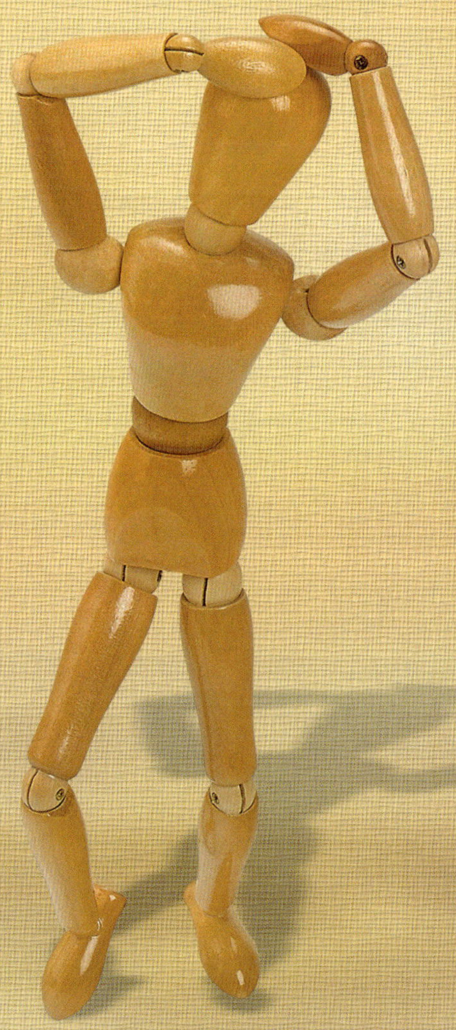

Einkaufsliste

600 g Putenschnitzel (4 Stück; je Person eines)
100 g Putenleberwurst
4 Scheiben Schweinespeck
1 Zwiebel
1 rote Paprikaschote
1 EL Semmelbrösel
1 TL Preiselbeeren
1 EL Bratfett
4 Schaschlikspieße

Gewürze:
Salz, frisch gemahlener schwarzer Pfeffer, Muskat

Für den Gurken-Dip:
1 Salatgurke
200 g Crème fraîche
200 g Magerquark
1 Bund Schnittlauch
1 EL Olivenöl

Gewürze:
Salz, Pfeffer

Zubereitung

1. Die Putenschnitzel dünn klopfen und auf einer Arbeitsfläche auslegen. Fleisch salzen und pfeffern.

2. Die Zwiebel schälen und in feine Würfel schneiden. Paprikaschote entkernen, waschen und in feine Würfel schneiden.

3. Leberwurst in einer Schüssel weich rühren, Zwiebel-, Paprikawürfel, Semmelbrösel und Preiselbeeren hinzufügen und miteinander vermengen.

4. Die Masse mit Salz, Pfeffer und Muskat würzen.

5. Die Putenschnitzel gleichmäßig mit der Masse bestreichen, den Speck darauf legen, zusammenrollen und mit einem Schaschlikspieß fixieren.

6. Den Backofen auf 200 °C vorheizen. Das Fett in einer feuerfesten Pfanne erhitzen, die Rouladen darin von allen Seiten ca. 1 Minute anbraten und danach für 15 Minuten im Backofen fertig garen.

7. In der Zwischenzeit die Salatgurke schälen und mit einer groben Reibe in Streifen raspeln.

8. Geriebene Salatgurke ausdrücken (und somit vom Wasser befreien) und in eine Schüssel geben. Crème fraîche, Magerquark, Olivenöl, Schnittlauch, Salz und Pfeffer dazugeben und verrühren.

9. Die Rouladen aus dem Ofen nehmen, den Spieß entfernen und jede Roulade in Scheiben schneiden. Auf den Tellern fächerartig anrichten, den Gurken-Dip hinzufügen.

Dekorationstipp:
Pfeffer aus der Mühle und Paprikapulver auf den Tellerrand streuen und dem Gericht somit eine rustikale Note geben.

Serviertipp:
Als Beilage würde ich Weißbrot empfehlen, aber Salzkartoffeln passen auch sehr gut.

Profitipp:
Wenn Sie in den Gurken-Dip Knoblauch geben und den Schnittlauch weglassen, haben Sie ein perfektes griechisches Zaziki.

Putenrouladen
mit Gurkencreme-Dip

Einkaufsliste

500 g Barbarie-Entenbrust (ca. 2 Stück)
1 Feige
2 EL Speiseöl
1 EL Dijon-Senf

Gewürze:

Salz, frisch gemahlener schwarzer Pfeffer

Für die Weintraubensoße:

150 g Weintrauben blau
150 g Weintrauben hell
30 g Zwiebeln
1 EL Butter
½ TL Speisestärke
1 EL Wasser
1 EL Schnittlauchröllchen
150 ml Geflügelfond

Gewürze:

Salz, frisch gemahlener schwarzer Pfeffer, Zucker, Cayennepfeffer

Zubereitung

1. Die Entenbrust waschen und mit einem Küchenpapier trockentupfen. Das Fleisch mit Salz, Pfeffer und Senf einreiben.

2. Das Öl in einer Pfanne erhitzen, die Entenbrust darin von beiden Seiten ca. sechs Minuten anbraten, Fleisch aus der Pfanne nehmen und ruhen lassen.

3. In der Zwischenzeit die Weintrauben waschen, halbieren und von Kernen befreien.

4. Für die Soße die Zwiebeln schälen und in feine Würfel hacken. Die Butter in einer Pfanne erhitzen und die Zwiebeln dazugeben.
Zucker hinzufügen. Sobald der Zucker flüssig ist, die Weintrauben hinzugeben. Mit dem Geflügelfond ablöschen und 20 Sekunden kochen lassen.

5. Die Speisestärke im Wasser auflösen und in die kochende Soße geben. Anschließend die Soße nicht mehr zum Kochen bringen, da sonst die Weintrauben zu weich werden. Mit Salz und Pfeffer würzen.

6. Die Entenbrust mit der Hautseite nach oben im Ofengrill ca. eine Minute knusprig backen.

7. Die Weintraubensoße auf Tellern anrichten und mit Schnittlauch bestreuen, die Entenbrust in Streifen schneiden und auf die Soße drapieren. Die Feige waschen, in Scheiben schneiden und damit die Entenbrust dekorieren.

Dekorationstipp:

Physalis und Feigen harmonieren gut mit Geflügel.

Serviertipp:

Die Entenbrust sollte rosa gebraten werden. Als Beilage passen Spätzle ebenso gut wie Baguette.

Profitipp:

Früchte passen sehr gut zu Wild und Wildgeflügel wie Ente, Fasan oder Reh.

Mal ausprobieren:
Bananenpüree in die Soße rühren.

Barbarie-Entenbrust
auf glacierter Weintraubensoße

Einkaufsliste

240 g Putengeschnetzeltes
160 g Basmati-Reis
1 Papaya
1 Banane
120 g Chinakohl
150 g frische Mu-Err-Pilze
1 TL Butter
1 EL Speiseöl
1 Messerspitze frisch gehackter Ingwer
1 EL Sojasoße

Gewürze:

Kurkuma (Gelbwurzel), Sambal Oelek, Salz, frisch gemahlener schwarzer Pfeffer

Für die Soße:

1 TL Speiseöl
50 g gehackte Schalotten
100 ml Wein (lieblich)
200 ml Geflügelfond
0,2 l Crème fraîche mit reduziertem Fettgehalt

Gewürze:

Salz, frisch gemahlener schwarzer Pfeffer, Zucker

Zubereitung

1. Den Reis wie auf der Packung angegeben kochen und anschließend im Sieb mit kaltem Wasser abschrecken.

2. Speiseöl in einer großen Pfanne erhitzen. Das Geschnetzelte darin ca. fünf Minuten scharf anbraten. Mu-Err-Pilze hinzugeben, mit Salz, Pfeffer, Sojasoße, Ingwer und Sambal Oelek (Vorsicht, scharf!) würzen.
Nochmals ca. eine Minute anbraten. Fleisch und Pilze aus der Pfanne nehmen.

3. Für die Soße die Schalotten schälen und fein hacken. Speiseöl in der vorher verwendeten Pfanne erhitzen, die Schalotten darin kurz glasig anbraten. Mit Wein ablöschen, Geflügelfond und Crème fraîche dazugeben. Soße bei geringer Hitzezufuhr eine Minute köcheln lassen und mit Salz und Pfeffer würzen.

4. Die Papaya mit einem Sparschäler schälen, halbieren und von den Kernen befreien, in mundgerechte Stücke schneiden.
Die Banane schälen und in 1 cm dicke Scheiben schneiden.
Den Chinakohl längs halbieren, waschen und in 0,5 cm dicke Streifen schneiden.

5. Die Soße erhitzen und das Fleisch-Pilz-Gemisch sowie den Chinakohl hinzugeben. Die vorbereitete Papaya und die Banane zur Abrundung des Gerichtes hinzufügen und das Ganze nochmals ca. eine Minute kochen lassen.

6. Butter in einer Pfanne erhitzen und den Reis darin auf Temperatur bringen. Mit Kurkuma, Salz und Pfeffer würzen. (Durch die Kurkuma färbt sich der Reis schön gelb!)

7. Auf dem Teller einen Reisrand bilden und das Geschnetzelte darin anrichten.

Dekorationstipp:

Streifen von der Papaya und Korianderblättchen.

Serviertipp:

Das Gericht nicht zu lange kochen lassen, da sonst alle Zutaten zu weich werden und der frische Geschmack verloren geht.

Profitipp:

Anstelle von Papaya kann auch Ananas verwendet werden.

Putenragout „exotische Art" mit Gelbwurzelreis

Einkaufsliste

4 Gänsekeulen
300 g Schalotten
¼ Knolle Sellerie
¼ Knolle Ingwer
1 EL Speiseöl

Gewürze:

Salz, frisch gemahlener schwarzer Pfeffer, Beifuß

Für die Schmorzwiebelsoße:

1 Gemüsezwiebel gewürfelt
1 EL kalte Butter
0,1 l trockener Rotwein
¼ l Geflügelfond

Gewürze:

Salz, frisch gemahlener schwarzer Pfeffer

Zubereitung

1. Die Gänsekeulen waschen, trockentupfen, mit Salz und Pfeffer einreiben.
Die Schalotten schälen, den Sellerie putzen und schälen. Den Ingwer schälen.

2. In einer feuerfesten Form Öl erhitzen und die Gänsekeulen, ein Beifußsträußchen und das vorbereitete, unzerteilte Gemüse dazugeben.

3. Im Backofen ca. 100 Minuten bei 180 °C garen (muss nicht vorgeheizt werden).

4. Nach Ende der Bratzeit die Keulen, den Ingwer und den Beifuß herausnehmen.

5. Das Bratgefäß mit dem Bratgemüse auf der Herdplatte erhitzen und die Zwiebelwürfel hinzufügen.

6. Mit Rotwein und Geflügelfond ablöschen und bei kleiner Hitze die Soße ca. 10 Minuten reduzieren lassen. Mit Salz und Pfeffer abschmecken. Zum Abbinden der Soße die kalte Butter mit dem Schneebesen unterrühren.

7. Die Keulen in der Soße nochmals auf Temperatur bringen und servieren.

Dekorationstipp:

Frische Kräutersträußchen, wie z. B. Beifuß.

Serviertipp:

Auf dem Teller wirkt es sehr dekorativ, wenn man den Knochen der Keule mit einer Papierkrone abdeckt.

Profitipp:

Bei Schmorgerichten muss man keinen teueren Wein verwenden, um einen guten Geschmack zu erzielen.

Gänsekeule mit Schmorzwiebelsoße

Ente gefüllt
mit Apfel-Semmel-Teig

Einkaufsliste

1 bratfertige Ente (ca. 2 000 g)
200 g Karotten
4 kleine Äpfel
¼ Liter Geflügelfond

Gewürze:
Salz, frisch gemahlener schwarzer Pfeffer

Für die Füllung:
10 Brötchen vom Vortag
2 Äpfel
4 Eier
0,4 l Milch
2 EL Schnittlauchröllchen

Gewürze:
Salz, frisch gemahlener schwarzer Pfeffer, Muskat

Zubereitung

1. Die Ente von innen und außen waschen und mit Salz und Pfeffer einreiben.

2. Für die Füllung Brötchen in ca. 0,5 cm dicke Scheiben schneiden. Milch zum Kochen bringen und über die Brötchen gießen, mit einem Kochlöffel leicht untermengen.
Äpfel schälen, vierteln, entkernen und in dünne Scheiben schneiden. Zu der Brötchenmasse geben. Die Eier und die Schnittlauchröllchen auch dazugeben und mit Salz, Pfeffer und Muskat würzen. Die Masse gut vermengen.

3. Die Ente mit der Masse füllen, mit Nadel und Zwirn zunähen und in eine feuerfeste Form legen. Eventuell übrige Füllmasse aufheben.

4. Karotten waschen oder schälen und zu der Ente in das Bratgefäß geben.

5. Die Ente mit dem Geflügelfond angießen und bei 180 °C ca. zwei Stunden im Backofen garen, den Braten dabei ab und zu drehen.
Die Äpfel mit einem Ausstecher vom Kernhaus befreien und ca. ½ Stunde vor Ende der Garzeit in das Bratgefäß geben.
Falls noch Füllmasse von der Ente übrig ist, kann diese in die Äpfel gefüllt werden.

6. Die letzte halbe Stunde sollte die Brustseite nach oben zeigen, damit diese knusprig wird.

7. Nach Ende der Garzeit die Ente mit einer Geflügelschere zerlegen und die Füllung als Beilage dazu reichen.

8. Den entstandenen Bratfond mit Salz und Pfeffer abschmecken und als Soße beigeben.

Dekorationstipp:
Je einen kleinen Bratapfel auf den Teller geben.

Serviertipp:
Die Ente sollte schon in der Küche so zerlegt werden, dass sie von der Karkasse (Gerippe) befreit ist.

Profitipp:
Wenn man der Füllung zusätzlich gebratenen Speck beigibt, bekommt die Ente eine besondere Note.

Einkaufsliste

2 Putenoberkeulen à 500 g
2 EL Dijon-Senf
0,2 l Rotwein

Gewürze:
Salz, frisch gemahlener schwarzer Pfeffer

Für die Soße:
30 g Zwiebeln
1 EL Butter
¼ l Geflügelfond
0,2 l süße Sahne

Gewürze:
Salz, frisch gemahlener schwarzer Pfeffer

Zubereitung

1. Die Putenoberkeulen waschen, trockentupfen und mit Salz und Pfeffer einreiben. Anschließend von allen Seiten mit Senf bestreichen.

2. Die Keulen in ein Bratgefäß legen und mit ¼ Liter Wasser und dem Rotwein angießen.

3. Den Backofen auf 200 °C vorheizen und die Keulen darin ca. 90 Minuten garen. Ab und zu mit dem Bratensaft übergießen.

4. Nach Ende der Garzeit die Keulen aus dem Bratenfond nehmen, mit einem Messer das Fleisch vom Knochen lösen und in Scheiben schneiden.
Das Fleisch anschließend warm stellen.

5. Den Bratenfond durch ein Sieb passieren.
Die Butter in einem kleinen Topf erhitzen und die Zwiebeln darin goldbraun anbraten.
Mit dem Geflügelfond und der Sahne ablöschen.
Je nach Geschmack den durchpassierten Bratenfond dazugeben (Vorsicht, Fond ist sehr würzig!).
Die Soße ca. fünf Minuten einkochen lassen.

6. Nun die Bratenscheiben auf Tellern anrichten, mit Soße überziehen und Knödel dazu reichen.

Dekorationstipp:
Kresse auf dem Tellerrand.

Serviertipp:
Als Beilage passen Klöße prima dazu, es gibt bereits den fertigen Teig aus dem Kühlregal in sehr guter Qualität zu kaufen.

Profitipp:
Der restliche Bratenfond kann eingefroren werden und dient später als gute Grundlage für eine Soße.

Putenoberkeule in der Senfkruste mit Geflügelrahmsoße

Einkaufsliste

4 Truthahnschnitzel à 180 g
8 Toastbrotscheiben
2 Eier
3 EL Mehl
3 EL Schnittlauchröllchen
3 EL Petersilie fein gehackt
1 Bund gemischte gehackte Kräuter
2 EL Olivenöl

Gewürze:

Salz, frisch gemahlener schwarzer Pfeffer

Für den Dip:

30 g Zwiebeln
1 Becher Crème fraîche
1 rote Paprikaschote
1 gelbe Paprikaschote
1 TL Cognac

Gewürze:

Salz, frisch gemahlener schwarzer Pfeffer, Paprika

Zubereitung

1. Die Truthahnschnitzel in einem Gefrierbeutel flach klopfen und mit Salz und Pfeffer würzen.

2. Vom Toastbrot die Rinde abschneiden und das Toastbrot in der Hand in feine Krümel zerreiben. Die Krümel in einem tiefen Teller mit den Kräutern vermischen.

3. Die Eier aufschlagen, in einen tiefen Teller geben und mit einem Schneebesen verquirlen. Mehl in einen anderen tiefen Teller geben.

4. Die Truthahnschnitzel mit Mehl, Ei und Kräuterbröseln (in dieser Reihenfolge) panieren.

5. Das Öl in einer Pfanne erhitzen und die Schnitzel darin ca. fünf Minuten auf jeder Seite goldbraun braten.

6. In der Zwischenzeit die Paprikaschoten waschen, vom Kerngehäuse befreien und in feine Würfel schneiden. Die Zwiebel schälen und in feine Würfel hacken.

7. Paprikaschoten, Zwiebeln und Crème fraîche in eine Schüssel geben, mit Salz, Pfeffer und Paprika würzen. Die feine Note verleiht man mit einem Schuss Cognac.

8. Die Truthahnschnitzel zusammen mit dem Paprika-Dip und einem Kresse-Sträußchen auf Tellern anrichten.

Dekorationstipp:

Früchte aller Art von Ananas bis Erdbeere.

Serviertipp:

Als Beilage können sehr gut Bratkartoffeln oder Weißbrot gereicht werden.

Profitipp:

Der Crème-fraîche-Dip kann zu allen Kurzbratgerichten beigegeben werden.
Der Cognac muss nicht sein; es genügt auch ein kleiner Schuss Balsamico-Essig.

Truthahnschnitzel
in Kräuterpanade mit Paprika-Crème-fraîche-Dip

Einkaufsliste

4 Hähnchenbrustfilets
1 Stange Lauch
2 Karotten
½ Knolle Sellerie
½ Bund Mangold (Blätter)
1 EL Kräuterbutter
0,1 l Geflügelbrühe
0,1 l trockener Weißwein

Gewürze:
Salz, frisch gemahlener schwarzer Pfeffer

Für das Risotto:
75 g Zwiebeln
250 g Risotto-Reis
1 Knoblauchzehe
2 EL Butter
2 EL Olivenöl
ca. 0,75 l Fleischbrühe
200 ml trockener Weißwein
50 g frisch geriebener Parmesan

Gewürze:
Salz, frisch gemahlener schwarzer Pfeffer

Zubereitung

1. Den Reis waschen und abtropfen lassen, Zwiebeln schälen und in feine Würfel hacken.

2. Die Hälfte der Butter in einem Topf erhitzen, die Zwiebeln darin glasig andünsten.
Reis, Knoblauch und das Olivenöl dazugeben und anschwitzen.

3. Die Fleischbrühe zum Kochen bringen und nach und nach zu dem Reis geben.
Erst wieder Brühe angießen, wenn der Reis die Flüssigkeit aufgesaugt hat. Ab und zu umrühren, damit nichts anbrennt.

4. Wenn die Brühe vom Reis vollständig aufgesaugt ist, den Weißwein angießen (Garzeit insgesamt ca. 25 Minuten).

5. Nach Ende der Garzeit den Parmesan und die restliche Butter unterheben und mit Salz und Pfeffer würzen.

6. In der Zwischenzeit das Gemüse waschen und in feine Streifen schneiden. Alles in einen Topf geben, die Hähnchenbrüste mit Salz und Pfeffer würzen und auf das Gemüse legen.

7. Die Hähnchenbrüste mit Geflügelfond und Weißwein angießen und die Kräuterbutter dazugeben. Den Topf zudecken und das Gericht ca. 20 Minuten leicht köchelnd dünsten.

8. Auf den Tellern zuerst das Risotto, dann die Gemüsestreifen und obenauf die Hähnchenbrust anrichten.

Dekorationstipp:
Kirschtomaten halbieren und um das Risotto legen. Mit Basilikumblättchen ausgarnieren.

Serviertipp:
Farbige Teller wirken anregend auf den Gaumen.

Profitipp:
Die Hähnchenbrust kann man auch mit Knochen kaufen und im Ganzen braten. Anschließend die zwei Filets auslösen.
Als feine Raffinesse kann man zuletzt noch frisch gehobelten Parmesan über das Gericht geben.

Bei einem Risotto sind Abwandlungen aller Art möglich, z. B. mit Pilzen oder Gemüse.

Gedünstete Hähnchenbrust auf Risotto

Einkaufsliste

4 Hähnchenkeulen
1 Kopf Lollo-Rosso-Salat
1 Bund Frühlingszwiebeln
Kerbel
1 EL Kräuteressig
1 EL Walnussöl
1 EL Butterschmalz
2 EL gehackte Walnüsse

Gewürze:
Salz, frisch gemahlener schwarzer Pfeffer,
Zucker

Für die Knoblauchbrote:
1 großes Stangenweißbrot oder zwei kleine
4 Knoblauchzehen
150 g Butter (Zimmertemperatur)
Alufolie

Gewürze:
Salz, frisch gemahlener schwarzer Pfeffer

Zubereitung

1. Hähnchenkeulen in Butterschmalz ca. 12 Minuten auf jeder Seite bei geringer Hitze anbraten.

2. Salat putzen, waschen und in eine Schüssel geben. Die Frühlingszwiebeln in Ringe schneiden und mit dem Kerbel und den Walnüssen hinzufügen.

3. Ein Stangenweißbrot in der Länge halbieren (kleine Weißbrote nicht halbieren) und alle 2 cm schräg einschneiden (nicht ganz durchschneiden). Die Knoblauchzehen schälen und mit einer Presse in eine Schüssel drücken. Butter, Salz und Pfeffer dazugeben und alles gut verrühren.

4. Die Knoblauchbutter in die eingeschnittenen Zwischenräume des Weißbrotes streichen.
Das Brot mit Alufolie umwickeln und ca. 20 Minuten im vorgeheizten Ofen bei 220 °C backen.

5. Das Brot aus der Alufolie nehmen und in einzelne Scheiben zerteilen. Den Salat in der Schüssel mit Essig, Salz, Pfeffer, Zucker und Walnussöl marinieren.

6. Den Salat auf Tellern anrichten, die Keulen dazulegen und die Knoblauchbrote anlegen.

Dekorationstipp:
Kerbelsträußchen auf dem Salat.

Serviertipp:
Auch andere Beilagen wie z. B. Ofenkartoffeln oder Bratkartoffeln sind hierzu passend.

Profitipp:
Das Dressing für Salate kann gleich in größeren Mengen zubereitet und im Kühlschrank mehrere Tage aufbewahrt werden.

Gebratene Hähnchenkeule
mit Salat und Knoblauchbrot

Einkaufsliste

100 g Karotten
100 g Zuckerschoten
1 gelbe Paprikaschote
1 rote Zwiebel
100 g Cocktailtomaten
300 g geräucherter Aal
300 g geräucherte Forelle
1 Salatgurke

Gewürze:
Salz, frisch gemahlener schwarzer Pfeffer

Für die Marinade:
100 ml Fischfond
1 EL Kürbiskernöl
60 ml Rotweinessig
1 TL Senf mittelscharf
2 EL gehackter Dill

Gewürze:
Salz, frisch gemahlener schwarzer Pfeffer, Zucker

Zubereitung

1. Die Karotten schälen, in feine Streifen schneiden und in kochendem Salzwasser zwei Minuten blanchieren (gar ziehen lassen).
Die Zuckerschoten putzen (Spitzen abbrechen und den Längsfaden abziehen), schräg in 2 cm breite Stücke schneiden und drei Minuten blanchieren. Beide Gemüse in Eiswasser abkühlen und abgießen.

2. Die Salatgurke schälen, längs halbieren, mit einem Löffel von den Kernen befreien und in mundgerechte Stücke schneiden.
Paprikaschote waschen, halbieren, ebenfalls von den Kernen befreien und in kleine Würfel schneiden. Zwiebel schälen, halbieren und in halbe Ringe schneiden.

3. Die Cocktailtomaten waschen und halbieren. Den Aal und die Forelle häuten und die Gräten entfernen (keine Angst, das geht wirklich ganz einfach!). Beide Fische in etwa 1,5 cm große Stücke schneiden.

4. In einer Schüssel alle Zutaten für die Marinade miteinander verrühren.
Karotten, Zuckerschoten, Salatgurke, Paprikaschote, Zwiebel, Cocktailtomaten und den geräucherten Fisch vorsichtig unterheben.

Dekorationstipp:
Friséesalat als Bett.

Serviertipp:
Ich würde dazu frisches Weißbrot und Meerrettich essen.

Profitipp:
Schillerlocken oder Makrelenfilets können ebenfalls verwendet werden.

Salat von geräucherter Forelle und Aal

Röllchen vom Gebeizten Lachs
mit Kräuterfüllung und Schmelzkartoffeln

Einkaufsliste

Achtung! Der Lachs muss 24 Stunden in der Beize ziehen!

400 g Lachsfilet am Stück mit Haut, ohne Gräten (keine Steaks)
200 g Frischkäse
500 g Kartoffeln
½ Bund Dill
0,1 l süße Sahne
2 EL Butter

Gewürze:
Salz, frisch gemahlener schwarzer Pfeffer, frisch geriebener Muskat

Für die Lachsbeize:
1 Orange
200 g Zucker
200 g Salz
1 Karotte
100 g Sellerie

Zubereitung

1. Für die Lachsbeize Orange, Karotte und Sellerie schälen und in kleine Würfel schneiden.
Salz und Zucker abwiegen und zusammen mit dem Gemüse in einer Schüssel vermengen.

2. Das Lachsfilet waschen und mit der Hautseite nach unten in eine Form legen.
Den Lachs mit der Beize vollständig ummanteln, die Form mit Klarsichtfolie abdecken und dann 24 Stunden im Kühlschrank ziehen lassen.

3. Den Lachs am nächsten Tag aus der Beize nehmen und gründlich abwaschen.

4. Den Lachs schräg in dünne Scheiben schneiden (von der Haut wegschneiden).

5. Dill hacken, mit Sahne und Frischkäse vermengen und mit Salz, Pfeffer und Muskat würzen.

6. Die Frischkäsemasse auf die Lachsscheiben streichen und zusammenrollen. Kühl stellen.

7. Kartoffeln waschen, schälen, in Salzwasser ca. 20 Minuten kochen und anschließend abgießen.

8. Butter in einer Pfanne erhitzen und die Kartoffeln darin anschwenken.

9. Die Lachsröllchen und die Kartoffeln auf Tellern anrichten.

Dekorationstipp:
Ein Dillsträußchen und etwas echter Kaviar (wer den Geschmack mag und das nötige Kleingeld hat); Orangenscheiben.

Serviertipp:
Der Lachs sollte kühl, aber nicht kalt sein, denn der Geschmack entfaltet sich bei 8–10 °C am besten.

Profitipp:
Wenn es mal schnell gehen muss, kann man auch einen bereits gebeizten Lachs kaufen.
Es kann genauso gut geräucherter Lachs oder geräucherter Heilbutt verwendet werden.

Einkaufsliste

4 Lachssteaks
1 EL Speiseöl
2 EL Mehl
600 g Kartoffeln
1 Zitrone

Gewürze:
Salz, frisch gemahlener schwarzer Pfeffer, Kümmel

Für das Gurkengemüse:
1 Salatgurke
1 Becher Crème fraîche
½ Bund Dill
1 TL Butter
1 Schuss Weißwein

Gewürze:
Salz, frisch gemahlener schwarzer Pfeffer, gekörnte Brühe oder Brühwürfel

Zubereitung

1. Die Kartoffeln schälen und in Salzwasser ca. 20 Minuten gar kochen.

2. In der Zwischenzeit die Salatgurke schälen, längs halbieren, mit einem Löffel von den Kernen befreien und in 1 cm dicke Halbmonde (Scheiben) schneiden.

3. Butter in einer Pfanne erhitzen, Gurken darin glasig anbraten. Crème fraîche dazugeben und ca. drei Minuten leicht kochen lassen.
Mit Dill, Salz, Pfeffer, einer Prise Brühe und einem Schuss Weißwein abschmecken.

4. Lachssteaks in Mehl wenden und in einer heißen Pfanne mit Öl auf jeder Seite ca. fünf Minuten anbraten.

5. Kartoffeln abgießen und auf Tellern zusammen mit dem Lachs und dem Gurkengemüse anrichten.

Dekorationstipp:
Alle Zitrusfrüchte wie z. B. Zitronen, Limonen, Orangen usw. sehen optisch sehr gut auf dem Teller aus.

Serviertipp:
Fischbesteck zum Essen verwenden.
Kräuterbutter würde hier auch sehr gut dazu passen.

Profitipp:
Achten Sie beim Kauf der Lachssteaks darauf, dass es Steaks aus dem Filet sind und nicht Scheiben vom ganzen Fisch.

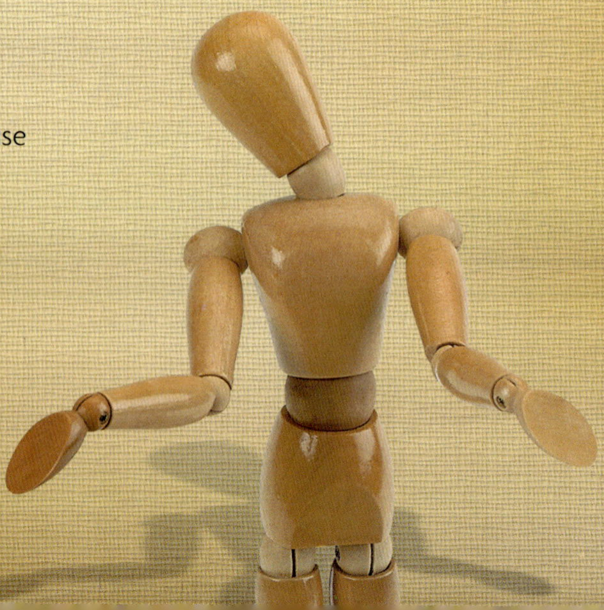

Gebratener Lachs auf Dill-Gurkengemüse und Salzkartoffeln

Forelle im Sud gegart

mit Dillsoße

und Butterkartoffeln

Einkaufsliste

4 küchenfertige Forellen à 300 g
¼ l halbtrockener Weißwein
¼ l Gemüsebrühe
¼ l Wasser
0,2 l Essig
1 Zwiebel
600 g Kartoffeln
1 EL geschmolzene Butter

Gewürze:

Salz, frisch gemahlener schwarzer Pfeffer

Für die Dillsoße:

2 EL Butter
1 Zwiebel
2 EL Mehl
0,4 l Fischfond
1 Becher Crème fraîche
2 Bund Dill

Gewürze:

Salz, frisch gemahlener schwarzer Pfeffer, Zitronensaft

Zubereitung

1. Die Kartoffeln schälen und in Salzwasser 20 Minuten lang kochen.

2. In der Zwischenzeit aus Gemüsebrühe, Wasser, Essig, Wein, Salz, Pfeffer und einer geschälten, halbierten Zwiebel den Sud für den Fisch kochen (alles in einem Topf aufkochen lassen).

3. Die küchenfertigen Forellen von innen und außen mit Salz und Pfeffer würzen und in den heißen Sud legen.
Bei schwacher Hitze ca. 15 Minuten gar ziehen lassen. (Garprobe: Lässt sich die Rückenflosse leicht herausziehen, ist der Fisch fertig gegart!)

4. Die Zwiebel schälen und in feine Würfel hacken. Butter in einem Topf erhitzen, die Zwiebel darin anschwitzen, mit Mehl bestäuben und mit dem Fischfond auffüllen.

5. Das Ganze mit einem Schneebesen gut glatt rühren und ca. zwei Minuten lang kochen lassen. Crème fraîche dazugeben, den Dill hacken, ebenfalls einrühren und nochmals ca. fünf Minuten lang kochen lassen.
Vor dem Servieren mit Salz, Pfeffer und Zitronensaft würzen.

6. Die Kartoffeln abgießen und mit einem Pinsel mit der flüssigen Butter bestreichen.

7. Die Forellen mit der Soße und den Kartoffeln auf Tellern anrichten.

Dekorationstipp:

Fisch und Zitrusfrüchte gehören zusammen. Also mit Limonenschalenstreifen dekorieren!

Serviertipp:

Die Forelle schon in der Küche zerlegen, sodass man keine Probleme beim Essen hat.

Profitipp:

Der Sud kann mehrere Tage im Kühlschrank aufbewahrt werden. Man kann auch andere Fische wie z. B. Karpfen, Saibling oder Felchen darin garen.

Einkaufsliste

4 Seelachsfilets à 200 g
2 Karotten
1 kleine Stange Lauch
2 EL Margarine
1 Zwiebel
1 Becher Crème fraîche
2 Ecken Kräuterschmelzkäse
1 Bund Dill gehackt
1 Bund Petersilie gehackt
2 EL Mehl

Gewürze:
Salz, frisch gemahlener schwarzer Pfeffer, Saft einer Zitrone, Worcestersoße

Zubereitung

1. Die Seelachsfilets salzen und pfeffern, mit Zitronensaft und Worcestersoße beträufeln.

2. Karotten schälen und in längliche Stifte schneiden.

3. Lauch putzen, waschen, längs vierteln und in längliche Stücke schneiden.

4. Fett in einer Pfanne zerlaufen lassen. Die Fischfilets zuerst in Mehl wenden und anschließend zusammen mit den Gemüsestiften ca. fünf Minuten auf jeder Seite braten. Danach aus der Pfanne nehmen und in eine feuerfeste Form legen.

5. In der Zwischenzeit die Zwiebel schälen und fein hacken.

6. Kräuterschmelzkäse mit Crème fraîche, den Zwiebeln und den Kräutern zu einer Masse verrühren.

7. Die Fischfilets in der feuerfesten Form mit der Käsemasse gleichmäßig bestreichen und die mitgebratenen Gemüse daneben legen.

8. Auf oberster Schiene im auf 220 °C vorgeheizten Backofen ca. sechs Minuten goldgelb überbacken.

9. Den Fisch aus der Form nehmen und auf Tellern mit dem Gemüse arrangieren.

Dekorationstipp:
Dill und Streifen von Zitronenschalen oder Zitronenscheiben.

Serviertipp:
Der Fisch kann auch gleich auf dem Teller überbacken werden, der Teller wird dabei jedoch sehr heiß.
Als Beilage passt hervorragend Reis.

Profitipp:
Dieses Gericht kann man gut vorbereiten!

Seelachsfilets mit Kräuterkruste

Einkaufsliste

4 Lachssteaks à 120 g
250 g Blätterteig tiefgekühlt
1 Ei
1 EL Butter
2 EL Mehl

Gewürze:

Salz, frisch gemahlener schwarzer Pfeffer

Für den Salat:

150 g Rucola
1 gelbe Paprikaschote
1 Frühlingszwiebel

Salatdressing:

Salz, frisch gemahlener schwarzer Pfeffer, 2 EL Öl, 2 EL Weißweinessig, 1 EL Zitronensaft, Zucker

Zubereitung

1. Die Blätterteigplatten auftauen lassen und anschließend jeweils auf ca. 15 x 15 cm ausrollen.

2. Jeweils ein Lachssteak in die Mitte des Blätterteiges legen, die Ränder mit Ei bestreichen, den Lachs ganz mit Teig umhüllen und die Ränder fest andrücken.

3. Den Backofen auf 200 °C vorheizen. Die Lachspäckchen mit dem restlichen Ei bestreichen und im Backofen ca. 40 Minuten backen. Nach etwa 15 Minuten nochmals mit Butter bestreichen.

4. In der Zwischenzeit den Rucola waschen, die Paprikaschote waschen, entkernen und in Streifen schneiden. Die Frühlingszwiebel in Ringe schneiden. Rucola, Paprikastreifen und Frühlingszwiebel leicht vermengen.

5. Für das Dressing Essig mit Zitronensaft, Zucker, Salz, Pfeffer und Öl mit einem Mixstab kurz mixen.

6. Den Salat in das Dressing geben, vermengen und dann zusammen mit dem Blätterteig-Lachs anrichten.

Dekorationstipp:

Dem Blätterteig kann man mit Mustern aus Teigresten wie z. B. einer Blume eine schöne Optik geben.

Serviertipp:

Lachstasche halbieren und so aufklappen, dass man das Lachssteak sehen kann.

Profitipp:

Das Lachsfilet kann auch mit blanchiertem Spinat oder Mangold vor dem Umhüllen mit Teig umwickelt werden.

Lachs im Blätterteig
mit Rucola-Salat

Einkaufsliste

1,2 kg Wildschweinbraten ohne Knochen
100 g Selleriewürfel
100 g Karottenwürfel
2 EL Sauerkirsch-Marmelade
4 EL Öl
¼ l Wildbratenfond
0,2 l süße Sahne

Gewürze:
Salz, frisch gemahlener schwarzer Pfeffer

Für die Semmelknödel:
8 Brötchen vom Vortag
80 g Butter
0,5 l Milch
5 Eier
50 g Semmelbrösel
150 g Zwiebelwürfel
½ Bund Petersilie

Gewürze:
Salz, frisch gemahlener schwarzer Pfeffer, Muskat

Zubereitung

1. Das Fleisch mit Salz und Pfeffer würzen. Öl im Bratgeschirr erhitzen und das Fleisch darin von allen Seiten scharf anbraten. Dann das Fleisch aus dem Bratgeschirr nehmen.

2. Die Sellerie- und Karottenwürfel in das heiße Bratgeschirr geben, kurz anrösten lassen und mit dem Wildbratenfond ablöschen. Das Fleisch dazugeben und im Backofen bei 200 °C ca. 90 Minuten garen.

3. In der Zwischenzeit die Brötchen in kleine Würfel schneiden und in eine Schüssel geben.

4. Milch erhitzen (muss nicht kochen) und in die Schüssel zu den Brötchenwürfeln geben.

5. Die Butter in einer Pfanne erhitzen und darin die Zwiebelwürfel kurz anschwitzen. Die heißen Zwiebeln zu der Brötchenmasse geben. Danach die Eier und alle anderen Zutaten und Würzmittel untermischen und gut vermengen. 10 Minuten ruhen lassen.

6. Nun aus der Masse Knödel in gewünschter Größe abdrehen und in sprudelnd kochendem Salzwasser garen (Knödel mit 200 g brauchen ca. 18 Minuten).

7. Das Fleisch nach 90 Minuten aus dem Bratgeschirr nehmen, warm stellen, die Sauerkirsch-Marmelade und die Sahne zu dem Bratenfond hinzufügen, mit Salz und Pfeffer würzen und fünf Minuten bei kleiner Hitze reduzieren lassen.

8. Vor dem Servieren den Wildschweinbraten in Scheiben schneiden und mit den Knödeln und der Soße auf Tellern anrichten.

Dekorationstipp:
Ein paar Sauerkirschen aus dem Glas erwärmen und über den Teller streuen.

Serviertipp:
Bratengerichte lassen sich auch gut auf Platten anrichten.

Profitipp:
Bei Wildgerichten kann man den typischen Wildgeschmack unterdrücken, indem man das Fleisch am Vortag in Buttermilch einlegt.
Verwendet man anstelle der Brötchen Laugenbrezen, erhält man Brezenknödel.

Wildschweinbraten
mit Sauerkirschsoße und Semmelknödeln

Einkaufsliste

1 kg küchenfertiger Hasenrücken, evtl. tiefgekühlt
3 EL Preiselbeeren aus dem Glas
¼ l Wildfond
2 Äpfel
1 EL Sauerrahm
2 EL Öl
2 EL Schnittlauchröllchen

Gewürze:
Salz, frisch gemahlener schwarzer Pfeffer

Für die Kartoffelplätzchen:
2 Eier
2 EL Butter
600 g fertiger Kloßteig aus dem Kühlfach
1 EL Sauerrahm

Gewürze:
Salz, frisch gemahlener schwarzer Pfeffer, Muskat

Zubereitung

1. 1 EL Öl in einer großen Pfanne erhitzen, den Hasenrücken darin von allen Seiten anbraten, würzen und aus der Pfanne nehmen.

2. Die Äpfel schälen, entkernen, vierteln und 0,5 cm breite Halbmonde schneiden.
Die Pfanne nochmals erhitzen, 1 EL Öl hineingeben und die Äpfel darin anschwenken. Preiselbeeren und Wildfond hinzufügen, die Hasenrückenfilets dazulegen und ca. 15 Minuten lang leicht köcheln lassen. Die Filets immer wieder drehen und die Soße umrühren.

3. Für die Kartoffelplätzchen Eier, Knödelteig und Sauerrahm miteinander vermengen und mit Salz, Pfeffer und Muskat würzen.

4. In einer Pfanne Butter erhitzen, aus dem Teig mit einem Esslöffel Nocken abstechen, in die Pfanne legen und etwas flach zu einem Taler drücken. Von beiden Seiten ca. drei Minuten lang anbraten.

5. Die Filets aus der Pfanne nehmen und nun die Soße nicht mehr kochen lassen. Sauerrahm und Schnittlauch in die Soße einrühren.

6. Die Soße als Spiegel zusammen mit dem in Scheiben geschnittenen Filet und den Kartoffeltalern auf schönen Tellern anrichten.

Dekorationstipp:
Eine halbierte, entkernte und gedünstete Birne, gefüllt mit Preiselbeeren, ersatzweise eine Dosenbirnenhälfte.

Serviertipp:
Die Filets schräg anschneiden und mit der Schnittfläche nach oben servieren.

Profitipp:
Es gibt tiefgekühlte Kartoffeltaler zu kaufen, ebenso ist der Hasenrücken in guter Qualität tiefgekühlt erhältlich.

Hasenrücken

mit Preiselbeer-Apfelsoße und Kartoffelplätzchen

Einkaufsliste

1 kg Rehkeule ohne Knochen
2 EL Honig
¼ l Wildfond
5 Schalotten
3 Karotten
2 EL Tomatenmark
1 EL Mehl
0,1 l Rotwein
2 EL Öl

Gewürze:
Salz, frisch gemahlener schwarzer Pfeffer,
Thymian, Rosmarin

Für die Rahmwirsing-Kartoffeln:
50 g Zwiebelwürfel
2 EL Butter
1 Kopf Wirsing
300 g geschälte Kartoffeln
100 g Speckwürfel
½ Becher süße Sahne

Gewürze:
Salz, frisch gemahlener schwarzer Pfeffer,
Majoran

Zubereitung

1. Die Kartoffeln im Salzwasser ca. 20 Minuten weich kochen, abkühlen lassen und in 1 cm große Würfel schneiden.

2. Die Rehkeule mit Salz und Pfeffer würzen, 1 EL Öl in einem Topf erhitzen und darin die Rehkeule von allen Seiten scharf anbraten, anschließend aus dem Topf nehmen.

3. Die Schalotten und die Karotten schälen, halbieren und in den heißen Topf geben.
1 EL Öl dazugeben und das Gemüse etwas anrösten. Tomatenmark und Mehl hinzufügen und mit Rotwein und Wildfond ablöschen.
Nun den Rehbraten dazulegen, den Topf mit einem Deckel verschließen und ca. 1,5 Stunden im Ofen bei 200 °C schmoren lassen.

4. Wirsing waschen, in einzelne Blätter zerteilen (den Strunk herausschneiden) und die Blätter in Streifen schneiden. In einem Topf mit Wasser den Wirsing ca. fünf Minuten kochen, anschließend abgießen und mit kaltem Wasser abschrecken.

5. In einer großen Pfanne die Butter erhitzen. Zwiebelwürfel und Speck darin goldbraun anbraten, den Wirsing und die Kartoffeln dazugeben und mit Salz, Pfeffer und Majoran würzen.
Das Ganze vorsichtig vermengen.
Abgerundet wird der Rahmwirsing mit Sahne.

6. Die Rehkeule aus der Soße nehmen und in Scheiben aufschneiden.

7. Die Soße durch ein Sieb streichen, mit Honig vollenden und zusammen mit der Rehkeule und den Wirsing-Kartoffeln auf Tellern anrichten.

Dekorationstipp:
Frische Johannisbeeren darüber streuen.

Serviertipp:
Dieses Gericht kann auch sehr gut auf einer Platte angerichtet werden.

Profitipp:
Die Rehkeule als Rollbraten wickeln, so hat man nach dem Garen schöne Scheiben auf dem Teller.

Rehkeule
mit Honigsoße
und Rahmwirsing-Kartoffeln

Rinderbraten „Hausmannsart"

mit geschmorten Perlzwiebeln, Karotten und Kartoffelschaum

Einkaufsliste

2 kg Rinderschulter ohne Haut und Sehnen
1 EL Mehl
2 EL Butterschmalz
2 EL Zucker
¼ Liter Rotwein
¼ Liter Rinderbratenfond
¼ Liter Wasser
300 g geschälte Perlzwiebeln
150 g geschälte Karotten

Gewürze:
Salz, frisch gemahlener schwarzer Pfeffer

Für den Kartoffelschaum:
1 kg mehlig kochende Kartoffeln
100 ml Milch
75 ml süße Sahne
200 g Butter

Gewürze:
Salz, frisch gemahlene Muskatnuss

Zubereitung

1. Die Rinderschulter mit Salz und Pfeffer einreiben und mit Mehl bestäuben.
In einem ofenfesten Bratgefäß mit Deckel das Butterschmalz erhitzen und das Fleisch darin rundherum knusprig anbraten.
Anschließend das Fleisch aus dem Topf nehmen.

2. Den Ofen auf 180 °C vorheizen.

3. Die Karotten in 1 cm dicke Scheiben schneiden.

4. Zucker im Bratfett flüssig werden lassen, unter kräftigem Rühren mit Rotwein und Rinderfond ablöschen und mit ¼ Liter Wasser aufgießen.

5. Die Karottenscheiben hineingeben, das Fleisch darauf legen und den Deckel schließen. Im vorgeheizten Ofen bei 180 °C ca. zwei Stunden schmoren lassen. Das Fleisch alle 20 Minuten mit dem Bratensaft begießen. 30 Minuten vor Ende der Garzeit die Perlzwiebeln hinzufügen.

6. Kartoffeln schälen, in Salzwasser 20 Minuten gar kochen, abgießen und durch eine Kartoffelpresse drücken.

7. Milch aufkochen. Die kochende Milch nach und nach über die Kartoffeln gießen. Mit dem Schneebesen glatt rühren.
Sahne und Butterflöckchen untermischen, mit Salz und Muskat würzen.

8. Die Rinderschulter in Scheiben schneiden, mit Karottenscheiben und Perlzwiebeln an den Kartoffelschaum anrichten und mit der Soße übergießen.

Dekorationstipp:
Zucchini-Blüten mit auf den Teller arrangieren.

Serviertipp:
Der Kartoffelschaum lässt sich mit einem Spritzbeutel sehr schön in Form bringen.

Profitipp:
Anstelle von Rotwein kann man auch mit Essig (vorzugsweise Balsamico) ablöschen, um einen noch würzigeren Geschmack zu bekommen.
Fleischfond aus dem Glas ist leicht verderblich. Man kann ihn länger haltbar machen, indem man den Rest in einem Eiswürfelbehälter einfriert. Dann ist er bei Bedarf leicht zu portionieren.

Einkaufsliste

4 Scheiben Roastbeef à 180 g
4 Zwiebeln
1 Ei
150 g geriebener Käse
2 EL Öl
1 EL Butter

Gewürze:
Salz, frisch gemahlener schwarzer Pfeffer

Für die Ofenkartoffeln mit Jogurt-Dip:
4 große Kartoffeln
1 Becher Naturjogurt
0,1 l süße Sahne
Alufolie

Gewürze:
Salz, frisch gemahlener schwarzer Pfeffer, Zucker

Zubereitung

1. Die Kartoffeln waschen, mit Alufolie umwickeln und im Backofen bei 200 °C ca. eine Stunde backen.

2. Jogurt mit Sahne verrühren und mit Salz, Pfeffer und etwas Zucker würzen.

3. Das Roastbeef in einer Pfanne mit Öl von beiden Seiten ca. drei Minuten scharf anbraten. Anschließend das Fleisch aus der Pfanne nehmen und mit Salz und Pfeffer würzen.

4. Die Zwiebeln schälen und in feine Würfel hacken. Butter in der Bratpfanne erhitzen und die Zwiebeln darin goldbraun anschwitzen.
Die Zwiebeln aus der Pfanne nehmen und etwas abkühlen lassen, mit Ei und Käse verrühren.

5. Die Zwiebelmasse gleichmäßig auf das Roastbeef streichen und etwa acht Minuten im vorgeheizten Backofen bei 200 °C überbacken.

6. Die Ofenkartoffeln aus der Alufolie nehmen, der Länge nach halbieren und auf einen Teller legen.
Den Jogurt-Dip auf die Kartoffeln geben und das überbackene Roastbeef daneben anrichten.

Dekorationstipp:
Ein schönes großes Blatt Lollo-Rosso-Salat unter die Ofenkartoffeln legen.

Serviertipp:
Die Ofenkartoffeln können auch in der Alufolie serviert werden.
Dann die Kartoffeln nicht halbieren, sondern nur die Folie oben etwas öffnen. Am besten mit einem kleinen Löffel auslöffeln.

Profitipp:
Nicht nur Roastbeef, sondern auch Geflügel oder Schweinelende können so überbacken werden.

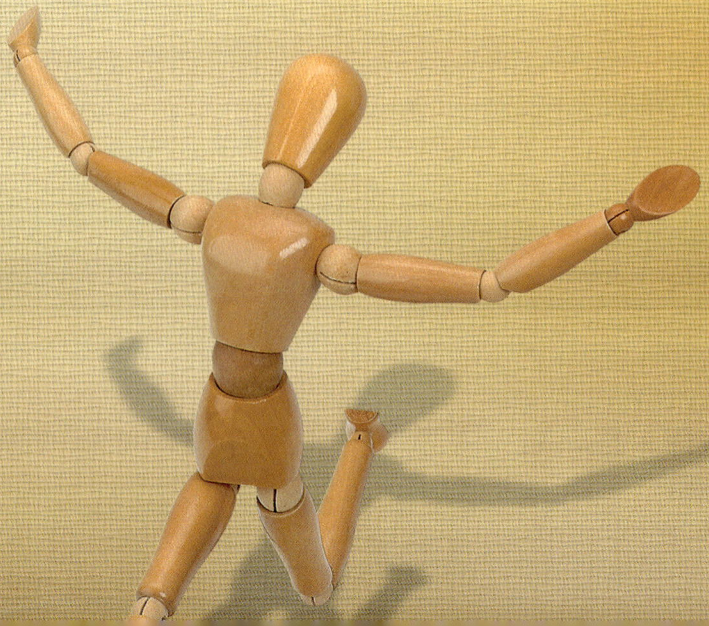

Gebratenes Roastbeef

mit Zwiebelschmelze überbacken, dazu Ofenkartoffeln mit Jogurt-Dip

Kalbsfilet im Gemüse-Reisbett

Einkaufsliste

4 Kalbsfilets à 180 g
2 Karotten
100 g Sojakeimlinge
100 g Fenchel
50 g Kräuterbutter
120 g Reis
0,1 l Weißwein

Gewürze:
Salz, frisch gemahlener schwarzer Pfeffer, Worcestersoße

Zubereitung

1. Die Karotten schälen und in feine Streifen schneiden. Den Fenchel in feine Streifen schneiden. Sojakeimlinge waschen und zu den Karotten- und Fenchelstreifen in einen Topf geben. Mit Wein angießen und die Kräuterbutter dazulegen.

2. Kalbsfilets mit Salz, Pfeffer und Worcestersoße einreiben und ca. 10 Minuten marinieren.

3. Den Reis in ausreichend Wasser in einem Topf ca. 18 Minuten gar kochen.

4. In der Zwischenzeit den Topf mit dem Gemüse erhitzen, die Kalbsfilets darauf legen und den Topf mit dem Deckel verschließen. Ca. 15 Minuten bei niedriger Hitze garen.

5. Wenn der Reis gar ist, diesen abgießen und mit kaltem Wasser abschrecken.

6. Nach Ende der Garzeit das Fleisch aus dem Gemüse nehmen und ca. drei Minuten ruhen lassen.

7. Den Reis unter die Gemüsestreifen heben und mit Salz und Pfeffer würzen.

8. Den Gemüse-Reis als Bett für das Kalbsfilet auf Tellern anrichten, das Fleisch darauf legen und servieren.

Dekorationstipp:
Rosa Pfefferkörner über das Gericht streuen.

Serviertipp:
In Knoblauchbutter gebratene Steinpilzstreifen würden das Ganze nochmals abrunden.

Profitipp:
Dünsten ist eine schonende Garmethode, bei der das Gargut zart und saftig bleibt.

Einkaufsliste

2 kg Kalbshaxe
½ l Kalbsfond
0,2 l dunkles Bier
0,2 l Malzbier
1 TL Speisestärke

Gewürze:
Salz, frisch gemahlener schwarzer Pfeffer

Für die Lyoner Kartoffeln:
2 Zwiebeln
1 EL Butter
600 g gekochte, geschälte Kartoffeln
1 Bund Petersilie

Gewürze:
Salz, frisch gemahlener schwarzer Pfeffer, Paprika

Zubereitung

1. Die Kalbshaxe in eine feuerfeste Form legen und darin mit Salz und Pfeffer einreiben. Den Kalbsfond angießen und die Haxe zwei Stunden im Ofen bei 200 °C braten.

2. Nach Ende der Garzeit das Fleisch aus der Bratform nehmen und warm stellen. Den Bratensatz mit dem Bier ablöschen und die mit wenig Wasser aufgelöste Stärke einrühren. Die Soße mit Salz und Pfeffer abschmecken und ca. fünf Minuten reduzieren lassen (offen kochen lassen).

3. Die gekochten Kartoffeln in Scheiben schneiden. Zwiebeln schälen und in Ringe schneiden, die Petersilie fein hacken.

4. Butter in einer Pfanne erhitzen und die Kartoffeln mit den Zwiebeln knusprig braten. Mit Paprika, Salz und Pfeffer würzen, anschließend die Petersilie darüber streuen.

5. Die Kalbshaxe vom Knochen lösen und zusammen mit der Biersoße und den Lyoner Kartoffeln auf Tellern anrichten.

Dekorationstipp:
frische Kräuter

Serviertipp:
Die Kalbshaxe kann auch schön rustikal auf einem Holzbrett serviert werden.

Profitipp:
Kurz vor dem Servieren noch ein bisschen Bier in die Soße geben, um den herben Geschmack des Bieres besser hervorzuheben.
Nicht zu viel Bier verwenden, denn sonst wird die Soße bitter.

Gebratene Kalbshaxe
mit Biersoße und Kartoffeln Lyoner Art

Einkaufsliste

4 Kalbsrückenschnitzel à 150 g
100 g Bauchspeckscheiben
2 rote Zwiebeln
150 g Pfifferlinge
100 g geriebener Emmentaler
1 EL Senf
1 EL Margarine
2 EL Öl
3 EL Mehl
8 Zahnstocher

Gewürze:
Salz, frisch gemahlener schwarzer Pfeffer

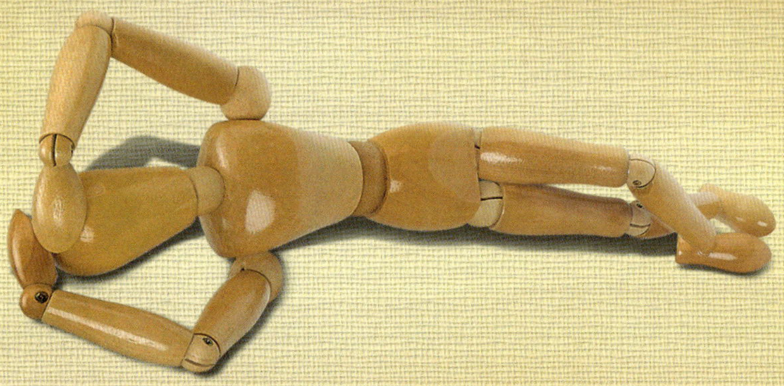

Zubereitung

1. Die Kalbsschnitzel in einem Gefrierbeutel flach ausklopfen und auf ein Brett legen. Mit Salz und Pfeffer würzen.

2. Pfifferlinge waschen, Zwiebeln schälen und in feine Würfel hacken.

3. Die Margarine in einer Pfanne erhitzen, die Zwiebeln und die Pfifferlinge darin ca. fünf Minuten anbraten und mit Salz und Pfeffer würzen. Aus der Pfanne nehmen, kurz abkühlen lassen und mit dem geriebenen Käse vermengen.

4. Die Kalbsschnitzel mit Senf bestreichen, jeweils eine Scheibe Speck darauf legen. Die Pilz-Zwiebel-Mischung gleichmäßig auf den Kalbsschnitzeln verteilen und diese anschließend zusammenklappen. Jeweils mit zwei Zahnstochern verschließen.

5. Die Kalbsschnitzel im Mehl wenden.

6. In einer Pfanne das Öl erhitzen und die mehlierten Kalbsschnitzel auf beiden Seiten ca. acht Minuten braten.

7. Die Kalbschnitzel von den Zahnstochern befreien und auf Tellern anrichten.

Dekorationstipp:
Salbeiblätter

Serviertipp:
Als Beilage empfehle ich einen schönen Salat und Weißbrot.

Profitipp:
Die Füllung kann sowohl für Fisch als auch für Geflügel verwendet werden.

Kalbsrückenschnitzel gefüllt mit Speck und Pfifferlingen

Einkaufsliste

500 g Schweinefilets
180 g geschälte Kartoffeln
2 Eier
1 Bund Frühlingszwiebeln
1 Chicoréesalat
⅓ Kopf Friséesalat
80 g rote Paprikaschote
2 EL Olivenöl

Gewürze:
Salz, frisch gemahlener schwarzer Pfeffer, eine Messerspitze frisch gehackter Knoblauch, Muskat

Für die Vinaigrette (Salatsoße):
30 g Zwiebeln
2 EL Olivenöl
2 TL Rotweinessig
1 Messerspitze fein gewürfelter Ingwer
1 EL gehackte Petersilie
Zitronensaft nach Geschmack (ca. 1 TL)

Gewürze:
Salz, frisch gemahlener schwarzer Pfeffer, Zucker

Zubereitung

1. Die Schweinefilets unter fließendem Wasser waschen und anschließend mit einem Küchenpapier trockentupfen.

2. Die Silberhaut am Schweinefilet mit einem scharfen Messer entfernen (Vorsicht! Nicht zu tief ins Fleisch schneiden!).
Die Schweinefilets in ca. 3 cm breite Scheiben schneiden. Das Fleisch mit Salz, Pfeffer und Knoblauch einreiben.

3. Das Öl in einer Pfanne erhitzen, die Schweinefilets darin von beiden Seiten ca. 40 Sekunden kräftig anbraten. Das Fleisch aus der Pfanne nehmen und ruhen lassen.

4. In der Zwischenzeit den Chicorée und den Friséesalat vom Stiel befreien und in mundgerechte Blätter zerteilen. Den Salat waschen und in einem Sieb abtropfen lassen. Von der Paprikaschote den Stiel entfernen, die Paprika halbieren, entkernen und in feine Würfel schneiden. Die Frühlingszwiebeln in 0,5 cm breite Ringe schneiden, waschen und im Sieb abtropfen lassen.

5. Für die Vinaigrette die Zwiebel schälen und fein hacken. Rotweinessig, Zitronensaft, Olivenöl, Salz, Pfeffer und Zucker verrühren.
Ingwer, Zwiebeln und Petersilie untermischen.

6. Die geschälten Kartoffeln mit einer Kartoffelreibe reiben, in der Hand ausdrücken und mit den Eiern in eine Schüssel geben. Mit Salz, Pfeffer und Muskat würzen.

7. Die Schweinefilets mit der Kartoffelmasse umhüllen, die Masse dabei fest andrücken. Olivenöl in einer Pfanne erhitzen, die umhüllten Schweinefilets darin von beiden Seiten ca. zwei Minuten goldbraun anbraten. Die Filets auf einem Küchenpapier kurz ruhen lassen.

8. Den Salat auf Tellern anrichten, Paprikawürfel und Frühlingszwiebeln darüber streuen und mit Vinaigrette übergießen.
Die Schweinefilets an den Salat arrangieren.

Dekorationstipp:
Blattpetersilie auf dem Tellerrand wirkt sehr ansprechend.

Serviertipp:
Vor dem Servieren sollte das Filet etwa zwei Minuten ruhen, damit die Saftigkeit erhalten bleibt.

Profitipp:
Ersatzweise kann auch jedes andere Filet verwendet werden, z. B. Hasenfilet, Hähnchenbrustfilet und dergleichen.

Schweinefilet im Kartoffelmantel auf buntem Salat

Einkaufsliste

800 g Schweinefilet am Stück ohne Filetkopf
1 Becher süße Sahne
2 Äpfel
200 g Egerlinge oder Champignons
0,1 l Calvados
1 Zwiebel
2 EL Bratfett
1 EL Butter
1 EL Schnittlauchröllchen
½ TL gekörnte Brühe

Gewürze:
Salz, frisch gemahlener schwarzer Pfeffer

Zubereitung

1. Das Schweinefilet in ca. 2 cm dicke Scheiben schneiden, mit Salz und Pfeffer würzen.

2. Bratfett in einer Pfanne erhitzen, die Schweinefilets darin von jeder Seite drei Minuten anbraten. Die Filets danach aus der Pfanne nehmen.

3. Die Zwiebel schälen und in kleine Würfel hacken, Pilze waschen und vierteln. Äpfel schälen, entkernen, vierteln und in 1 cm dicke Scheiben schneiden.

4. In der Bratpfanne die Butter erhitzen und darin Zwiebel, Pilze und Äpfel zusammen anschwitzen.

5. Mit Sahne aufgießen, mit Salz, Pfeffer und gekörnter Brühe würzen und ca. fünf Minuten kochen lassen.

6. Die Filets in der Soße erhitzen.

7. Zur Abrundung des Gerichtes gibt man 0,1 l Calvados in die Sauce.

8. Die Filets zusammen mit der Soße auf Tellern anrichten.

Dekorationstipp:
Kräuter aller Art, besonders Petersilie.

Serviertipp:
Als Beilage würde ich Reis oder Bratkartoffeln empfehlen.

Profitipp:
Essen Kinder mit, kann anstelle von Calvados auch Apfelsaft verwendet werden.

Schweinefilet in Calvadosrahm mit frischen Egerlingen

Einkaufsliste

4 Scheiben Schweineoberschale à 180 g
150 g Kalbsbrät
1 Karotte
1 EL Öl
8 Zahnstocher

Gewürze:
Salz, frisch gemahlener schwarzer Pfeffer

Für das Weinsauerkraut:
1 Zwiebel
1 Dose Sauerkraut (850 g)
¼ l Weißwein
¼ l Rinderbrühe
50 g Rosinen
100 g Speckwürfel

Gewürze:
Salz, frisch gemahlener schwarzer Pfeffer, Zucker, Nelken, Lorbeerblätter, Wacholderbeeren

Zubereitung

1. Die Schnitzel sehr dünn klopfen und mit Salz und Pfeffer würzen.

2. Das Kalbsbrät kräftig würzen und auf dem Rouladenfleisch (Schnitzel) gleichmäßig verteilen.

3. Die Karotte schälen und der Länge nach vierteln. Je ein Karottenviertel auf das Kalbsbrät legen und auf Rouladenlänge kürzen.

4. Die Rouladen eng zusammenrollen und mit je einem Zahnstocher an den Öffnungen gut verschließen.

5. In einer Pfanne das Öl erhitzen und die Rouladen darin von allen Seiten gut anbraten. Einen Deckel auf die Pfanne legen und im vorgeheizten Ofen bei 180 °C ca. 30 Minuten garen.

6. In der Zwischenzeit das Sauerkraut in einem Sieb waschen und in einen Topf geben. Wein, Rinderbrühe, Rosinen, Nelken, Lorbeerblätter, Wacholderbeeren, Zwiebelviertel, Salz, Pfeffer und etwas Zucker dazugeben und untermischen.

7. Das Kraut zum Kochen bringen und ca. 20 Minuten lang köcheln lassen.

8. In einer Pfanne die Speckwürfel knusprig anbraten.

9. Nach Ende der Garzeit von den Rouladen die Zahnstocher entfernen, die Rouladen schräg aufschneiden und zusammen mit dem Weinkraut auf Tellern anrichten.
Den gebratenen Speck darüber streuen und servieren.

Dekorationstipp:
Ein Klecks sauere Sahne und gehackte Haselnüsse.

Serviertipp:
Hier würde ich Kartoffelpüree als Beilage empfehlen.

Profitipp:
Die Rouladenfüllung kann natürlich auch für Rinderrouladen verwendet werden.

Schweinerouladen
gefüllt mit Kalbsbrät auf Weinsauerkraut

Einkaufsliste

500 g Schweinerückensteaks
150 g Erbsen tiefgekühlt
1 rote Paprikaschote
1 gelbe Paprikaschote
1 Becher Crème fraîche
200 g geschälte Kartoffeln
1 EL Pflanzenfett
2 EL frischer, gehackter Kerbel

Gewürze:

Salz, frisch gemahlener schwarzer Pfeffer

Zubereitung

1. Die Schweinesteaks in 0,5 cm dicke Streifen schneiden. Paprikaschoten waschen, vom Kernhaus befreien und in 0,5 cm dicke Streifen schneiden. Kartoffeln in 0,5 cm große Würfel schneiden.

2. In einer großen Pfanne das Bratfett erhitzen und das Fleisch darin ca. acht Minuten lang unter ständigem Umrühren anbraten. Die Kartoffeln und unaufgetauten Erbsen dazugeben und nochmals drei Minuten lang anbraten. Die Paprikastreifen dazugeben, die Crème fraîche unterrühren, alles mit Salz und Pfeffer würzen.

3. Das Ganze nochmals ca. fünf Minuten lang fertig kochen lassen.

4. Auf Tellern anrichten und mit dem Kerbel bestreuen.

Dekorationstipp:

Kirschtomaten

Serviertipp:

Keine zusätzlichen Beilagen, denn die Kartoffeln sind als Sättigungsbeilage ja bereits enthalten. Sauere Gurken oder vorgegarte Rote Beete können als Abwandlung mitgekocht werden (zusammen mit den Paprikastreifen dazugeben).

Profitipp:

Auch hier gilt: Geschnetzeltes kann genauso aus Hähnchenbrust oder Putenschnitzeln zubereitet werden.
Angebratene Zwiebeln würden das Gericht gut ergänzen. Hier die Zwiebeln noch vor dem Fleisch in der Pfanne mit dem Bratfett anbraten.

Schweinegeschnetzeltes
mit Erbsen, Paprikaschoten und Kartoffeln

Einkaufsliste

1,2 kg Krustenbraten (vom Schwein)
3 EL Öl
2 Zwiebeln
2 Karotten
1 kleines Stück Sellerie
½ l Fleischbrühe
0,2 l dunkles Bier

Gewürze:
Salz, frisch gemahlener schwarzer Pfeffer, Kümmel, Zucker

Zubereitung

1. Den Braten abwaschen und mit Küchenkrepp trockentupfen. Salzen, pfeffern und mit Kümmel bestreuen.

2. Die Schwarte mit einem scharfen Messer kreuzweise einschneiden.

3. Zwiebeln, Karotten und Sellerie schälen und in größere Würfel (2 cm) schneiden.

4. Öl in einem Brattopf erhitzen, den Braten von allen Seiten scharf anbraten.

5. Das vorbereitete Gemüse dazugeben, mit Fleischbrühe und dunklem Bier ablöschen.

6. Den Backofen auf 200 °C vorheizen und den Braten darin ca. 90 Minuten garen. Anschließend für fünf Minuten den Grill einschalten.

7. Den Braten nach Ende der Garzeit in Scheiben aufschneiden. Der Bratenfond dient als Soße, vor dem Servieren gegebenenfalls noch einmal abschmecken.

Dekorationstipp:
Das mitgegarte Gemüse dient als Dekoration oder kann in der Soße püriert werden (Pürierstab).

Serviertipp:
Knödel als Beilage und evtl. gedünsteter Weißkohl oder Sauerkraut (typisch bayerisch).

Profitipp:
Die Kruste muss krachen!
Um dies so hinzubekommen, muss der Braten nochmals für fünf Minuten unter den Grill!

Krusten-Kümmelbraten

Wirsingrouladen mit Reisfüllung

Einkaufsliste

1 Kopf Wirsing
400 g Schweinehackfleisch
1 Brötchen
1 kleine gewürfelte Zwiebel
2 Eier
1 EL gehackte Petersilie
1 EL Schnittlauchröllchen
2 EL Butter
½ l Gemüsebrühe
80 g Reis
4 EL Tomatenmark oder Ketschup
2 EL Frischkäse
4 Schaschlikspieße

Gewürze:

Salz, frisch gemahlener schwarzer Pfeffer, Paprika, Majoran

Zubereitung

1. Den Wirsing in einzelne Blätter zerlegen, diese vom Strunk befreien und in kochendem Salzwasser drei Minuten blanchieren (gar ziehen lassen). In kaltem Wasser abschrecken und danach abtropfen lassen.

2. Zwei bis drei Wirsingblätter überlappend nebeneinander auf ein Geschirrtuch legen (das Ganze vier Mal für vier Rouladen).

3. Den Reis im Salzwasser 18 Minuten kochen und anschließend abgießen.

4. Das Brötchen in Wasser einweichen, ausdrücken und zum Hackfleisch geben.
Eier, Zwiebeln, Reis, gehackte Petersilie und Schnittlauchröllchen dazugeben und mit Salz, Pfeffer, Paprika und Majoran würzen. Das Ganze gut vermengen.

5. Aus der Fleischmasse vier längliche Klöße formen und auf die Wirsingblätter legen. Den Wirsing von drei Seiten her über dem Fleischkloß einschlagen und dann ganz um die Fleischmasse wickeln. Mit einem Schaschlikspieß verschließen.

6. In einer Pfanne die Butter erhitzen und darin die Wirsingrouladen anbraten. Gemüsebrühe mit Tomatenmark oder Ketschup verrühren und die Rouladen damit angießen.

7. Den Backofen auf 200 °C vorheizen und die Rouladen darin zugedeckt 30 Minuten garen.

8. Die Rouladen aus der Pfanne nehmen und den Frischkäse in die Tomatensoße einrühren. Die Rouladen aufschneiden und an der Tomatensoße auf Tellern anrichten.

Dekorationstipp:

Die Rouladen schräg anschneiden, um das Schnittbild zu zeigen.

Serviertipp:

Es muss nicht unbedingt eine Beilage dazugegeben werden, da der Reis als Sättigungsbeilage schon enthalten ist.

Profitipp:

Die Fleischmasse kann auch aus Wildhackfleisch oder Rinderhack bestehen.
Anstelle des Wirsings eignet sich auch Weißkohl.

Einkaufsliste

1 kg Spargel
200 g gekochter Schinken

Gewürze:
Salz, Zucker

Für die Spargelvinaigrette:
1 kleine Zwiebel
2 hart gekochte Eier
2 Tomaten
1 Knoblauchzehe
2 EL Zitronensaft
3 EL Balsamico-Essig
3 EL Olivenöl
3 EL Schnittlauchröllchen
Kerbel

Gewürze:
Salz, frisch gemahlener schwarzer Pfeffer

Zubereitung

1. Den Spargel schälen und das untere Ende abschneiden.

2. Einen großen Topf mit Wasser, Zucker und Salz aufkochen lassen. Die geschälten Stangen Spargel einlegen und ca. 15–18 Minuten leicht kochen lassen, bis der Spargel weich ist.
Den Spargel aus dem Sud nehmen und abkühlen lassen. Den Spargelsud nicht wegschütten!

3. Für die Salatsoße die Eier, die Knoblauchzehe und die Zwiebel schälen und fein hacken.
Die Tomaten halbieren, entkernen und ebenfalls in kleine Würfel schneiden und zu den Eier- und Zwiebelwürfeln geben.

4. Den Zitronensaft mit dem Essig, Salz und Pfeffer so lange verrühren, bis sich das Salz aufgelöst hat. Das Öl sowie 5 EL Spargelsud einrühren.
Die Eier-Knoblauch-Zwiebel-Tomaten-Mischung untermengen und den Schnittlauch dazugeben.

5. Den gekochten Schinken in sehr dünne Streifen schneiden.

6. Die Spargelstangen auf Tellern verteilen und die Schinkenstreifen darüber streuen.
Die Spargelvinaigrette über den Spargel geben und mit Kerbel garnieren.

Dekorationstipp:
Kerbelsträußchen

Serviertipp:
Den Spargel kann man auch schon ein paar Stunden vor dem Verzehr in der Vinaigrette durchziehen lassen.

Profitipp:
Alle rohen und luftgetrockneten Schinkensorten kann man ebenfalls dazu reichen.
Fränkischer Spargel ist in der Qualität sehr hochwertig.
Der übrig gebliebene Spargelsud ist eine gute Basis für eine selbst gemachte Spargelsuppe oder kann auch zur Entschlackung des Körpers pur getrunken werden.

Fränkischer Spargelsalat
mit gekochtem Schinken

Einkaufsliste

2 Zucchini (ca. 400 g)
2 Kugeln Mozzarella
1 Feta-Käse
400 g Kartoffeln
400 g gewürfelte Dosentomaten
1 Bund Basilikum
1 Zweig Thymian
1–2 Zehen Knoblauch
1 EL getrockneter Oregano
4 EL Olivenöl

Gewürze:
Salz, frisch gemahlener schwarzer Pfeffer, Muskat

Zubereitung

1. Die Kartoffeln schälen, im Salzwasser 15 Minuten kochen lassen und abgießen.

2. Von den Zucchini oben und unten ca. 2 cm abschneiden. Die restlichen Zucchini in 1 cm dicke Scheiben schneiden.

3. Kartoffeln in 1 cm dicke Scheiben schneiden.

4. Mozzarella und Feta in 0,5 cm dicke Scheiben schneiden.

5. Die Tomatenwürfel kräftig mit Salz, Pfeffer, Muskat und Oregano würzen und den geschälten Knoblauch durch eine Knoblauchpresse dazupressen.

6. In einer Auflaufform abwechselnd eine Scheibe Zucchini, eine Kartoffelscheibe und eine Scheibe Feta-Käse einschichten und darüber die Tomaten geben.

7. Basilikum und Thymian in einzelne Blätter zerpflücken und auf den Tomaten verteilen.

8. Das Ganze mit Mozzarellascheiben bedecken, mit dem Olivenol beträufeln und ca. 20 Minuten bei 180 °C im vorgeheizten Backofen überbacken.

9. Nach Ende der Garzeit das Gratin in Portionen aufteilen und auf Tellern anrichten, nochmals mit Salz und Pfeffer würzen und servieren.

Dekorationstipp:
Hier bieten sich Basilikumblättchen an.

Serviertipp:
Knoblauchbrot, Fladenbrot oder Pizzabrot dazu reichen.

Profitipp:
Anstelle der gewürfelten Tomaten kann auch Tomatensaft verwendet werden.

Zucchini-Gratin

Einkaufsliste

1 Stange Lauch
1 Stange Staudensellerie
2 kleine Zwiebeln
250 g rote Paprikaschoten (ca. 3 Stück)
300 g Austernpilze
300 g Champignons
2 EL Öl

Gewürze:
Salz, frisch gemahlener schwarzer Pfeffer

Für die Marinade:
3 EL Weißweinessig
Saft einer halben Zitrone
3 EL Pflanzenöl
2 EL gehackte Petersilie

Gewürze:
Salz, frisch gemahlener schwarzer Pfeffer, Zucker

Zubereitung

1. Lauch putzen, waschen und in 1 cm breite Ringe schneiden. In kochendem Salzwasser zwei Minuten blanchieren (gar ziehen lassen). Aus dem Wasser herausnehmen und in Eiswasser legen.

2. Den Staudensellerie in kleine Halbmonde (Scheiben) schneiden. Die Zwiebeln schälen und in kleine Würfel schneiden.
Die Paprikaschoten waschen, entkernen und in kleine Würfel schneiden.

3. Die Austernpilze vom Stiel befreien und in 1 cm breite Streifen schneiden.
Die Champignons waschen und vierteln.

4. In einer Pfanne das Öl erhitzen und die Pilze darin ca. fünf Minuten anbraten.
Die Pilze salzen, pfeffern, herausnehmen und etwas abkühlen lassen.

5. Für die Marinade alle Zutaten gut verrühren und anschließend die Pilze und das Gemüse mit der Marinade vermischen.

6. Den Salat auf Tellern anrichten.

Dekorationstipp:
Salat in sternförmig auf dem Teller angeordneten Chicoréeblättern anrichten.

Serviertipp:
Leicht lauwarm schmeckt dieser Salat am besten.

Profitipp:
Man kann den Salat mit Reis, Krabben und Curry gut abwandeln, um eine andere Geschmacksrichtung zu bekommen.

Austernpilz-Champignonsalat

Einkaufsliste

12 extra große Champignons (oder entsprechend mehr kleinere Champignons)
400 g Tatar
1 Ei
1 Zwiebel
150 g geriebener Emmentaler
1 Bund Petersilie
4 EL Butter
2 EL Semmelbrösel
1 Kopf Lollo-Rosso-Salat
1 EL Balsamico-Essig
2 EL Olivenöl

Gewürze:
Salz, Zucker, frisch gemahlener schwarzer Pfeffer

Zubereitung

1. Die Champignons waschen und die Stiele herausdrehen.

2. Die Zwiebel schälen und fein hacken, mit dem Ei, dem Tatar, der Hälfte des geriebenen Käses und den Semmelbröseln vermischen. Petersilie hacken und dazugeben, die Masse mit Salz und Pfeffer würzen.

3. Die Masse in die Champignonköpfe füllen und mit dem restlichen geriebenen Käse bestreuen. Die Champignons in eine feuerfeste Form setzen.

4. Butterflocken auf den Champignonköpfen verteilen.

5. Den Backofen auf 180 °C vorheizen und die Champignons darin ca. 20 Minuten überbacken.

6. Die Salatblätter waschen und in feine Streifen schneiden, mit einem Dressing aus Balsamico-Essig, Olivenöl, Salz, Zucker und Pfeffer marinieren.

7. Die Champignons auf den Salatstreifen anrichten.

Dekorationstipp:
Klein gewürfelte rote oder gelbe Paprikaschoten verleihen dem Gericht noch etwas Farbe.

Serviertipp:
Gut geeignet als Vorspeise, dann reicht die oben angegebene Zutatenmenge für sechs Personen.

Profitipp:
Anstelle von Tatar kann man auch Bratwurstbrät nehmen.

Gefüllte Champignonköpfe

Einkaufsliste

4 große Fleischtomaten
300 g Tofu
150 g Reis
0,1 l Sojasoße
2 Stangen Lauch
80 g geröstete Sonnenblumenkerne
1 EL Butter
2 Kugeln Mozzarella

Gewürze:
Salz, frisch gemahlener schwarzer Pfeffer, Muskat, Knoblauch

Zubereitung

1. Den Reis in einem Topf mit Wasser ca. 18 Minuten kochen, abgießen und mit kaltem Wasser ab kühlen.

2. Von den Fleischtomaten das Strunkende abschneiden und mit einem Löffel vorsichtig die Kerne herausholen, ohne das Tomatenäußere zu verletzen.

3. Tofu in 1 cm große Würfel schneiden, mit Sojasoße, Salz und Pfeffer marinieren und mit dem gekochten Reis vermengen.

4. Das Tofu-Reis-Gemisch in die Tomaten füllen und gut eindrücken.

5. Die gefüllten Tomaten in einer feuerfesten Form dicht aneinander stellen.

6. Den Mozzarella in Scheiben schneiden und auf die Tomaten legen.

7. Den Backofen auf 180 °C vorheizen und die Tomaten darin ca. 15 Minuten lang garen.

8. Den Lauch waschen und in Streifen schneiden.

9. Butter in einer Pfanne erhitzen, die Lauchstreifen darin bei geringer Hitze ca. 10 Minuten dünsten und mit Salz und Pfeffer würzen. Das Lauchgemüse mit den gerösteten Sonnenblumenkernen verfeinern.

10. Das Lauchgemüse auf Tellern anrichten und die Tomaten darauf setzen.

Dekorationstipp:
Sprossen aller Art.

Serviertipp:
Hier kann man auch eine Sauce hollandaise dazu reichen. Es muss nicht unbedingt eine selbst zubereitete sein, man bekommt sie auch in sehr guter Qualität zum Anrühren aus dem Päckchen oder fertig im Tetra-Pack.

Profitipp:
Die Tofu-Füllung passt zu allen Gemüsen wie z. B. Paprikaschoten, Zwiebeln oder Auberginen.

Gefüllte Tomaten
auf gedünstetem Lauchgemüse

Einkaufsliste

500 g Austernpilze
500 g Champignons
500 g Pfifferlinge
2 Zwiebeln
2 EL Butter
1 Becher süße Sahne
1 gehäufter TL Mondamin
0,2 l Weißwein
4 EL Schnittlauchröllchen

Gewürze:
Salz, frisch gemahlener schwarzer Pfeffer, Muskat, Gemüsebrühwürfel

Zubereitung

1. Die Pilze waschen und vierteln.

2. Die Zwiebeln schälen und in feine Würfel hacken.

3. Butter in einer großen Pfanne erhitzen und darin die Zwiebeln goldgelb anschwitzen, die Pilze hinzufügen und mit Salz, Pfeffer, Muskat und dem Gemüsebrühwürfel würzen; ca. fünf Minuten lang anbraten.

4. Sahne dazugeben und mit Wein ablöschen.

5. Das Pilzgemüse mit dem in etwas Wasser aufgelösten Mondamin abbinden und kurz aufkochen lassen.

6. Die Pilze in tiefen Tellern anrichten und mit Schnittlauch bestreuen.

Dekorationstipp:
Den Rand des Tellers mit frisch gemahlenem Pfeffer bestreuen.

Serviertipp:
Unter den tiefen Teller einen flachen Teller stellen.
Als Beilage empfehle ich Semmelknödel oder Brezenknödel.

Profitipp:
Über das Gericht kann man sehr gut frischen Trüffel hobeln, wenn es der Geldbeutel erlaubt.

Pilz-Rahmragout

Kürbissuppe

Einkaufsliste

1 kg Speisekürbis
300 g Frischkäse
¼ l Gemüsebrühe
¼ l Wasser
1 Blutorange
1 Becher süße Sahne
1 Zwiebel
1 EL Butter
100 g Pinienkerne
½ Zehe geschälter Knoblauch

Gewürze:
Salz, frisch gemahlener schwarzer Pfeffer, Muskat

Zubereitung

1. Den Kürbis aufschneiden und entkernen. Das Kürbisfleisch in 2 cm große Würfel schneiden.

2. Zwiebel schälen, halbieren und in Scheiben schneiden.

3. In einem Topf die Butter erhitzen und das Kürbisfleisch, 200 g Frischkäse, Gemüsebrühe, Sahne, Zwiebel und den durch eine Knoblauchpresse gedrückten Knoblauch darin vermengen.

4. Den Topf mit dem Wasser auffüllen und ca. 30 Minuten lang kochen.

5. Nach Ende der Garzeit das Ganze mit einem Pürierstab mixen und mit Salz, Pfeffer und Muskat würzen.

6. Die Blutorange von der Schale befreien und in dünne Scheiben schneiden. Die Pinienkerne in einer Pfanne ohne Fett goldbraun anrösten (Vorsicht, bei zu hoher Temperatur verbrennen die Kerne schnell!).

7. Die gerösteten Pinienkerne, die restlichen 100 g Frischkäse und die Blutorangenscheiben als Suppeneinlage separat in Schälchen füllen, so kann sich jeder seine Suppeneinlage selbst kombinieren.

Dekorationstipp:

Vom Kürbis einen Deckel abschneiden, den Kürbis aushöhlen und die fertige Suppe einfüllen.
Das wirkt sehr dekorativ und die Suppe bleibt im Kürbis lange heiß.

Serviertipp:

Beilagen wie Kresse, Schnittlauch, Blutorangen, Pink Grapefruit, Pinienkerne, Walnusskerne, geräucherter Schinken, Brotcroûtons usw. in separaten Schälchen zu der Suppe reichen.

Profitipp:

Diese Suppe ist der Renner auf jeder Halloween-Party; besonders, wenn sie im Kürbis serviert wird.

Register

Genehmigte Lizenzausgabe
EDITION XXL GmbH
Reichelsheim 2003

Gestaltung und Satz: Rico Cofani
Fotos: Food in Wort und Bild, Sigmarszell
Küche: Corinna Brunner

ISBN 3-89736-132-9